FICHA CATALOGRÁFICA

(Preparada na Editora)

Xavier, Francisco Cândido, 1910-2002.

X19v *Viajor* / Francisco Cândido Xavier, Espírito Emmanuel. Araras, SP, 8ª edição, IDE, 2025.

128 p.: il.

ISBN 978-85-7341-753-1

1. Espiritismo 2. Psicografia-Mensagens. I. Emmanuel. II. Título.

CDD -133.9
-133.91

Índices para catálogo sistemático:

1. Espiritismo 133.9
2. Psicografia: Mensagens: Espiritismo 133.91

VIAJOR

ISBN 978-85-7341-753-1

8ª edição - setembro/2025

Conselho Editorial:
Doralice Scanavini Volk
Wilson Frungilo Júnior

Produção e Coordenação:
Jairo Lorenzeti

Revisão:
Isabela Falcone Oliveira

Capa:
Samuel Carminatti Ferrari

Diagramação:
Maria Isabel Estéfano Rissi

Parceiro de distribuição:
Instituto Beneficente Boa Nova
Fone: (17) 3531-4444
www.boanova.net
boanova@boanova.net

INSTITUTO DE DIFUSÃO ESPÍRITA - IDE
Rua Emílio Ferreira, 177 - Centro
CEP 13600-092 - Araras/SP - Brasil
(19) 3541-5215 (19) 99791-8779
CNPJ 44.220.101/0001-43
Inscrição Estadual 182.010.405.118
www.ideeditora.com.br
editorial@ideeditora.com.br

EMMANUEL

CHICO XAVIER

VIAJOR

ide

Sumário

Chico Xavier

Viajor

LEITOR AMIGO.

Perguntas quem somos.

Por enquanto, sabemos unicamente que, em cada um de nós, a vida encontra um viajor, seguindo para a Imortalidade.

Espíritos encarnados e desencarnados, já que nos achamos no

regime de estágios evolutivos de uma existência para outra, através dos princípios da reencarnação, é justo considerar-nos na condição de viajantes, sempre prontos para nascer ou renascer, segundo as nossas necessidades ou conforme as determinações das leis que nos regem.

Atendendo aos imperativos do aperfeiçoamento espiritual, cada viajor permanece no veículo mais adequado às tarefas que deva desempenhar, com a obrigação de se aperfeiçoar e aperfeiçoar a vida de que se rodeia, em atividade constante.

As residências ou carros de viagem variam para todos.

Palácios, mansões, casas grandes ou pequenas, apartamentos maiores ou menores, pardieiros, refúgios, choupanas ou esconderijos...

Cada qual de nós se encontra no lugar de que necessita.

E solicitas normas para a tranquilidade, qual se pudéssemos formulá-las, à frente das multidões de criaturas heterogêneas, já que nem todas se localizam no mesmo degrau de evolução.

Ainda assim, ser-nos-á possível alinhar alguns tópicos essenciais de nossas próprias disciplinas, na vida Espiritual que te ofertamos, não ao modo de mandamentos pretensiosos, mas por lembretes fraternos, para que não nos esqueçamos das nossas atitudes de urgência, de maneira a ganharmos tempo na viagem, atenuando problemas e conflitos que, porventura, venham à tona em nosso relacionamento comum.

Cultiva a fé em Deus para que não te falte a consciência tranquila.

Age, servindo sempre.

Lembra-te de que outros farão a ti mesmo, aquilo que aos outros te decidas a fazer.

Espalha o bem quanto puderes e como puderes, respeitando a integridade da própria consciência.

Não cobres tributos de gratidão.

Abstém-se de destacar os defeitos do próximo, reconhecendo que todos nós, os Espíritos ainda vinculados à evolução gradativa na Terra, temos ainda o lado escuro, do próprio ser, por iluminar.

Foge de guardar ressentimento, a fim de que o ódio não se te faça veneno no coração.

Esquece as ofensas, incondicionalmente, na certeza de que as agressões pertencem aos agressores.

Se erraste, apressa-te a corrigir-te.

Na hipótese de haveres ferido

alguém, solicita desculpa, buscando reparar essa ou aquela falta cometida.

Tolera os companheiros na condição evolutiva em que se vejam para que não lhes sufoques os impulsos de melhoria e elevação.

Não suprimas a esperança, onde a esperança esteja crescendo, ainda quando a verdade te fustigue a vida íntima, porque a Providência Divina dispõe de poder para transformar todos os fracassos humanos em novos recursos de trabalho e transformação, em favor de todos os nossos irmãos, ainda mesmo os mais infelizes.

Nas horas de crise, mantém a

própria serenidade, sem supor que as tuas provações sejam maiores do que as dos outros, a fim de que o sofrimento educativo não se te transforme em prejuízo ou perturbação.

Sê fiel aos compromissos assumidos para que os companheiros de experiências e caminho se te sustentem fiéis.

Conserva a felicidade de ser útil e trabalha, tanto quanto puderes, realizando o melhor ao teu alcance, mesmo quando te suponhas sem necessidade de trabalhar.

Aceita os semelhantes tais quais são, sem reclamar-lhes exibições de grandeza, para que a vida mais facilmente lhes consiga doar o crescimento justo com a maturidade necessária.

Nestas diretrizes, seguiremos tranquilos, estradas adiante, conquanto as imperfeições de que ainda sejamos portadores, porque a vida se encarregará de trazer-nos as lições indispensáveis para que nos descartemos das arestas e das impropriedades de hoje, a fim de sermos as criaturas melhores de amanhã.

Emmanuel

"Caridade é amor, em manifestação incessante e crescente."

Chico Xavier

1
Em nossos caminhos

REVISANDO A PARÁBOLA DO SAmaritano, lembramo-nos de que hoje milhares de irmãos nossos sobem do passado em direção do futuro pelos caminhos do presente, desfalecendo, muitas vezes, sob dificuldades e provações que os deixam semimortos:

os que não contavam com as tempestades de renovação da atualidade e se marginalizaram em desequilíbrio;

os que forjaram algemas para o amor, transformando-o, logo após, no fogo passional em que se atiraram na delinquência;

os que desertaram do trabalho e tombaram em penúria;

os que converteram a inteligência em antena das trevas e se horizontalizaram, por dentro de si mesmos, nas depressões da culpa;

os que abusaram da misericórdia dos medicamentos pacificadores e, tentando fugir das próprias responsabilidades, precipitaram-se em despenhadeiros de alucinação e loucura;

os que perderam a fé em meio das experiências necessárias à evolução e se estiraram no desânimo, à beira do suicídio;

os que não suportaram a transformação dos seres amados e se acomodaram, revoltados, sobre pedras da angústia;

e aqueles outros que tateiam a lousa, nos parques da saudade, perguntando pelos entes queridos que a morte lhes arredou da convivência, a carregarem o coração encharcado de lágrimas.

À frente de quantos surpreendas na estrada, caídos em sofrimento, interrompe-te para compreender e servir.

Determina a caridade nos situemos no lugar daqueles que necessitam de amparo, doando-lhes o melhor de nós, com a certeza de que provavelmente amanhã serão eles, os socorridos de agora, nossos próprios benfeitores.

Entre os companheiros de Humanidade que conhecem o campo de trabalho e passam, de longe, com receio de serem incomodados, e aqueles que foram espoliados na coragem de caminhar e na alegria de viver, recordemos o samaritano que se deteve na marcha dos próprios interesses e auxiliou espontaneamente ao próximo sem nada perguntar e, conforme a lição do Cristo, façamos nós o mesmo.

Chico Xavier

2

Caminhemos amando

DESCERRARÁS NOVOS HORIZONTES da eminência a que chegaste, na grande peregrinação para os cimos do conhecimento, mas a fim de que a verdade de tua experiência frutifique em talcntos de paz e progresso a benefício daqueles que te seguem na retaguarda, não prescindirás do amor que sabe penetrar os enigmas do caminho, de modo a resolvê-los com segurança.

Para isso, para que a tua vitória não sofra egoísmo e isolamento, não bastará comentar a beleza da messe que te carreia frutos opimos; é necessário te disponhas ao socorro da planta nascente, amparando a colheita futura na extensão da própria alegria.

A verdade, brilhante como o Sol e sólida como uma rocha, garantindo o bem comum, necessita diluir-se infinitamente para não cegar as criaturas irmãs com o seu poder e esplendor.

Não desdenhes compreender e auxiliar, a fim de que a luz em tuas mãos não se faça estéril ou destrutiva.

A ciência de curar usa o remédio em doses justas para extinguir a enfermidade, o professor maneja símbolos para acordar o cérebro da criança no conhecimento mais alto e o artista golpeia o mármore com cuidado e carinho, dele arrancando a revelação da obra-prima.

Guarda a lâmpada viva da verdade e ilumina com ela a trilha que te assegurará a desejada ascensão, mas, lembra-te de que Jesus desceu para auxiliar e servir, sem contaminar-se com as nossas sombras, afastando-nos da treva para o campo ilimitado da Luz.

Chico Xavier

3
Em ti próprio

Não olvides que a civilização começa no esforço educativo de cada um.

Não podes, em verdade, fazer calar a maledicência, a derramar-se em chuva de lodo, mas podes silenciar a maldade em ti mesmo, abstendo-te de contribuir na extensão da crueldade.

Não te será possível vencer, a sós, a dominação da ignorância, contudo, aqui e ali, podes prestar uma informação valiosa e útil aos que desejam realmente aprender.

Não conseguirás corrigir de maneira total a influenciação da penúria, no entanto, podes estender as mãos e dividir com os necessitados o alimento de cada dia.

Não podes, efetivamente, curar todos os enfermos da estrada, mas é possível auxiliar ao companheiro doente com a gota de remédio ou com a palavra amiga.

Ninguém, por si só, retificará esse ou aquele atormentado setor do mundo, entretanto, ninguém está impedido de algo fazer no cultivo da fraternidade.

Não te impressionem os espetáculos de perturbação e sofrimento ainda reinantes na Terra, e nem te confies ao julgamento apressado dos outros. Faze o bem que puderes.

Lembremo-nos de que o homem e a multidão recolhem indefectivelmente aquilo que semeiam...

Recordemos, porém, que, em nós mesmos, uma nova humanidade e uma nova era indubitavelmente podem começar.

Cogitemos de nossa própria melhoria para que a vida melhore.

Reajustemo-nos para que a nossa paisagem social se reajuste.

E, guardando em nós mesmos a vigilância construtiva na preservação da luz e do bem, estejamos convencidos de que o Senhor fará o resto, em favor do mundo, porque toda vitória espiritual para a imortalidade é obra de amor e de educação.

"Procuremos, porém, enxergar os outros pela interpretação de Jesus."

Chico Xavier

4
Efetivamente

Em nós mesmos, o problema essencial.

Efetivamente, nada temos a ver com a manutenção do Sol, na imensidade do Espaço, mas responderemos, inevitavelmente, pelo que estamos fazendo da quota de luz que ele nos fornece.

Não nos cabe qualquer responsabilidade pelo giro da Terra no plano cósmico; no entanto, seremos interpelados quanto ao nosso procedimento para com o pedaço de chão que nos agasalha.

Não prestaremos informes sobre a evolução do planeta em que estagiamos, mas chega sempre o dia em que se nos perguntará, quanto ao tempo e ao corpo, à profissão e ao meio de trabalho que o mundo nos confia.

Não se nos indagará com respeito à administração da Justiça Universal no orbe em que vivemos; no entanto, daremos contas das obrigações que assumimos perante superiores e subalternos, colegas e afeiçoados que nos partilham a convivência.

Não se nos inquirirá quanto aos destinos supremos da Humanidade, mas sofreremos exame natural e direto no que se refere à nossa conduta diante do lar e da família, tanto quanto à frente dos irmãos e companheiros que nos comungam a intimidade.

Não podemos impedir as catástrofes da Natureza e nem evitar as calamidades sociais. Outros poderes controlam a mecânica dos astros, o equilíbrio da Terra, o aprimoramento da vida, a sustentação do direito e o engrandecimento dos povos.

Reconheçamos, todavia, que nem as constelações, nem o Globo que nos serve de moradia, nem as instituições que supervisionam o progresso, nem o tribunal e nem o templo de nossa fé, conquanto nos sustentem e nos auxiliem, não conseguirão efetuar a tarefa que as Leis Divinas situam conosco, para que se realizem por nós.

"Perdoa mil vezes antes de reprovar uma só e penetrarás os altos segredos do bem."

Chico Xavier

5

Iluminemos o coração

Guardemos o coração na luz do bem para que nossa alma, diariamente, possa banhar-se nas águas vivas da grande compreensão.

Somente assim, nossos olhos aprenderão a ver ignorância onde presumimos encontrar a delinquência e, apenas desse modo, nossos ouvidos registrarão a dor e o infortúnio onde costumamos assinalar a intemperança e a revolta.

Não basta observar as telas do mundo, na conceituação habitual da experiência terrestre, porque o raciocínio, quase sempre, mora na faixa estreita do cálculo que se atrela ao egoísmo para entregar-se ao jogo pernicioso das vantagens imediatas, e nem vale criticar com a inteligência, porquanto, muitas vezes, a apreciação que nos é própria resulta de enganosa exigência do nosso modo de ser.

É preciso mergulhar o sentimento nas desventuras e necessidades alheias com a elevação do amor que não apenas situa o defeito, mas acima de tudo busca extirpá-lo em silêncio, à força de espontânea bondade e justa cooperação.

Busquemos preservar o templo íntimo contra todas as formas de condenação e de crueldade, procurando, em toda parte, a nossa quota de serviço na exaltação do bem que esposamos e, socorrendo as vítimas do mal sem nos prendermos à sombra, aprenderemos com Jesus a retirar: a cegueira dos cegos, a enfermidade dos enfermos, a obsessão dos obsessos, a tristeza dos tristes, a fraqueza dos fracos, a desesperação dos desesperados e a derrota dos que se sentem vencidos, restituindo os nossos companheiros à sanidade espiritual e conservando toda a nossa existência erguida ao amor que tudo aprimora, de vez que é do coração que partem as fontes da vida.

"Lembremo-nos de que não há céu para quem não edificou o paraíso em si próprio..."

Chico Xavier

6
Doutos e simples

HÁ DOUTOS – PRETENSIOSOS.

Há prudentes – astutos.

Há pequeninos – vilões.

Há ricos – indigentes.

Há pobres – insanos.

Há mendigos – desordeiros.

Há sábios – santos.

Há cientistas – angélicos.

Há humildes – iluminados.

Há milionários – beneméritos.

Há servos – sublimados.

Há pedintes – que distribuem amor.

Jesus não malsinou a inteligência e a cultura quando se referiu aos tesouros da sabedoria, ocultos aos "doutos e prudentes" e revelados aos "humildes e pequeninos."

Encarecia que o Espírito enquistado na vaidade é semelhante ao canal obstruído, incapaz de servir à condução da água nutriente.

Destacava os preconceitos como pedras da senda, entravando o passo de quantos se propõem seguir à frente.

E, acima de tudo, rogava-nos simplicidade nos fundamentos da vida para que não nos furtemos, cada dia, à revelação da beleza eterna a exprimir-se em nossa conquista gradual de sublimação.

Saibamos exumar a essência da forma para que não venhamos a esquecer o impositivo da escola em nossa experiência diária, mesmo porque foi o próprio Senhor quem nos advertiu, certa feita:

– "Conhecereis a verdade, e a verdade vos fará livres."

E, realmente, nenhuma liberdade edificante pode existir sem o pão do trabalho e sem o esforço da educação.

"Reconhecemos que o Reino Celeste se encontra em estado potencial no íntimo de todas as criaturas..."

Chico Xavier

7

Vejamos com Jesus

DO PONTO DE VISTA DAS NOSSAS multimilenárias imperfeições, é possível reconheças frequentemente no próximo um companheiro em situação deficitária, perante a vida.

De pensamento mergulhado no pessimismo encontrarás o avarento, recolhido à sovinice, negando-te concurso, e a criatura vaidosa a exibir-se na praça, tanto quanto, os que se sentem pobres de tudo para serem úteis ou os que se declaram suficientemente desencantados para acenderem, nos outros, a luz de qualquer esperança.

Entretanto, isso pode ser simplesmente o nosso modo particular de entender.

Procuremos, porém, enxergar os outros pela interpretação de Jesus.

Busquemos o ponto de vista de nosso Divino Mestre e descobriremos em nosso irmão do caminho, alguém com infinitas reservas de bondade no próprio ser.

Aprenderemos, então, que o

mordomo da fortuna terrestre foi chamado a realizar grandes obras na sementeira do bem, bastando sabermos tocar-lhe a porta do coração; que o companheiro enganado na superestimação dos próprios valores assim procede à face da ignorância que o senhoreia, cabendo-nos tão somente a obrigação de ofertar-lhe sadio exemplo de humildade, a fim de que desperte e se reajuste.

Surpreenderemos, nos amigos vacilantes, as promessas da vida, quais plantas tenras endereçadas ao porvir, que precisamos auxiliar de modo a que se expandam em frutos de fraternidade e entendimento, e identificaremos nos que se veem infortunados e inúteis o justo ensejo ao exercício de nosso amor, para que se convertam em vasos de reconforto e harmonia.

Esqueçamos nossa maneira pessoal de ver para ver como Cristo vê, em nos renovando as oportunidades de serviço e consolação no curso de cada hora, porque num mundo qual a Terra, em que todos nós somos necessitados, é imperioso acreditar como crê o Senhor, porque se não fosse admitida por Ele a possibilidade de nossa restauração para Deus, não nos reformaria diariamente os títulos de trabalho e aprendizado, no rumo da vida imperecível que nos conferirá, de futuro, a perfeita alegria.

"Cultiva a fé em Deus para que não te falte a consciência tranquila."

Chico Xavier

8

O olhar de Jesus

RECORDEMOS O OLHAR COMpreensivo e amoroso de Jesus, a fim de esquecermos a viciosa preocupação com o argueiro que, por vezes, aparece no campo visual dos nossos irmãos de experiência.

O Mestre Divino jamais se deteve na faixa escura dos companheiros de caminhada humana.

Em Bartimeu, o cego de Jericó, não encontra o homem inutilizado pelas trevas, mas sim o amigo que poderia tornar a ver, restituindo-lhe, desse modo, a visão que passa, de novo, a enriquecer-lhe a existência.

Em Maria de Magdala, não enxerga a mulher possuída pelos gênios da sombra, mas sim a irmã sofredora e, por esse motivo, restaura-lhe a dignidade própria, nela plasmando a beleza espiritual renovada que lhe transmitiria, mais tarde, a mensagem divina da ressurreição.

Em Zaqueu, não identifica o expoente de usura ou da apropriação indébita, e sim o missionário do progresso enganado pelos desvarios da posse e, por essa razão, devolve-lhe o raciocínio à administração sábia e justa.

Em Simão Pedro, no dia da negação, não se refere ao cooperador enfraquecido, mas sim ao aprendiz invigilante, a exigir-lhe compreensão e carinho, e por isso transforma-o, com o tempo, no baluarte seguro do Evangelho nascente, operoso e fiel até o martírio e a crucificação.

Em Judas, não surpreende o discípulo ingrato, mas sim o colaborador traído pela própria ilusão e, embora, sabendo-o fascinado pelas honrarias terrestres, sacrifica-se até o fim, aceitando a flagelação e a morte para doar-lhe o amor e o perdão que se estenderiam pelos séculos, soerguendo os vencidos e amparando a justiça das nações.

Busquemos algo do olhar de Jesus para nossos olhos, e a crítica será definitivamente banida do mundo de nossas consciências, porque, então, teremos atingido o Grande Entendimento que nos fará discernir em cada companheiro do caminho, ainda mesmo quando nos mais inquietantes espinheiros do mal, um irmão nosso, necessitado, antes de tudo, de nosso auxílio e de nossa compaixão.

"Esquece as ofensas, incondicionalmente, na certeza de que as agressões pertencem aos agressores."

Chico Xavier

9

Compaixão

QUANDO TE ERGUERES EM PRECE ao coração augusto e misericordioso do Pai Celestial, não olvides que, ao redor de teus passos, ecoam as súplicas de milhões de seres, implorando-te compaixão.

Anota-lhes o tom de expectativa e de angústia e não desdenhes auxiliar.

Aprende a guardar, na acústica da própria alma, a essência divina do amor infatigável para que a paciência e o sorriso te ensinem a recolher, sem alarde e sem queixa, todos os impactos do alheio sofrimento.

Veste cada dia a túnica do entendimento e encontrarás, por toda parte, a ignorância e a penúria rogando-te amparo e compreensão.

Observarás a dor de mil faces, estendendo-te as mãos, à procura da migalha de fraternidade e carinho.

Aqui, mascara-se na forma de delinquência naqueles que não tiveram nas lutas oportunidades de educação; adiante, surge na roupa espinhosa do desespero a que se acolhem os companheiros em provas amargas.

Ali, aparece-te com a fantasia da ilusão em todos os que não se apercebem da sua condição de usufrutuários da Terra, e, mais além, destaca-se nas chagas de aflição dos que despertam sob as responsabilidades do ouro e do poder.

Seja com quem for e seja aonde for, compadece-te e ampara sempre.

Observa que a própria Natureza, em todos os lugares, é um apelo vivo à tua misericórdia para que a vida alcance os fins a que se destina.

A terra seca te roga a bênção da

água refrescante para que te possa doar os talentos do pão e da alegria; a árvore clama por teu devotamento a fim de produzir quanto deve em teu próprio benefício e o fruto verde espera por teu carinho para não perecer em sua expectativa de maturação.

Age e caminha, trabalha e serve, inspirando-te na compaixão que deves a todas as criaturas.

Perdoa mil vezes antes de reprovar uma só e penetrarás os altos segredos do bem.

Recordemos em quantas ocasiões necessitamos da compaixão do

próximo para sanar os nossos erros e, fazendo, pelo bem dos outros, aquilo que desejamos dos outros na preservação de nossa própria felicidade, avançaremos para a vanguarda de luz sob o amparo de Deus, cuja Infinita Bondade encerra em nosso favor todas as bênçãos da compaixão imperecível.

Chico Xavier

10
Reino Divino

"Quando se vos disser que o Reino de Deus está aqui ou ali, não acrediteis, porque o Reino Divino não surge com aparências exteriores..."

Semelhante conceito do Cristo nos exorta ao imperativo da iluminação interior para que o nosso coração não se tresmalhe na sombra.

Habitualmente, exigimos dos outros determinadas rotas de ação, qual se nos assistisse o direito de fazê-los caminhar com os nossos pés.

Cristãos de outras interpretações do Evangelho, reclamamos de pastores humanos a salvação de nossas almas e quando espíritas, aguardamos que médiuns e benfeitores nos exonerem da responsabilidade de trabalhar e sofrer em nosso próprio aperfeiçoamento.

É por isso que as falsas profecias proliferam com tanta intensidade nas escolas cristãs, multiplicando as legiões de Espíritos sofredores a se desvairarem no desespero, depois da morte.

É que nós mesmos, quase sempre receosos da própria consciência, buscamos oráculos que nos engodem a mente com sugestões imaginárias, acerca de méritos que estamos longe de possuir, auxiliando-nos a fuga calculada da áspera região em que se nos configuram os deveres maiores.

Reconhecemos que o Reino Celeste se encontra em estado potencial no íntimo de todas as criaturas e que somente construindo-o em nós e desdobrando-o, dentro de nós mesmos, é que alcançaremos a chave da grande compreensão a investir-nos na posse da Grande Luz.

Nesse sentido, é justo recordar

que o Divino Mestre não apenas traçou o asserto que nos serve de apontamento ao estudo, e sim que lhe viveu a expressão mais profunda, aceitando, sem reclamar, as lutas e as dores que lhe foram impostas, padecendo por auxiliar e angustiando-se sem merecer, ensinando-nos, porém, a receber com valor as cruzes que nós mesmos talhamos para atingir, em plenitude de alegria e vitória, o terreno seguro de nossa suspirada ascensão.

"Nas horas de crise, mantém a própria serenidade, sem supor que as tuas provações sejam maiores do que as dos outros..."

Chico Xavier

11

Diante do amor

Um rápido olhar do homem, através do plano em que evolui, revelar-lhe-á o Amor Divino, que lhe assegura a existência.

A gota d'água, aparentemente esquecida nas entranhas do solo, alimenta o manancial.

O manancial preserva a fonte.

A fonte adere ao grande rio.

O grande rio coopera no equilíbrio do mar.

O mar produz a nuvem.

A nuvem garante a chuva.

A chuva nutre o verme.

O verme aduba a terra.

A terra protege a semente.

A semente mantém a floresta.

A floresta, com a sua riqueza, desdobra-se em utilidades, para a vida.

Para o Homem, todas as forças da Natureza trabalham espontaneamente, reconhecendo-o por senhor da inteligência que lhes cabe reverenciar e servir.

O homem, no entanto, em laborioso processo de adaptação às Leis Divinas, ainda não soube aprender com as forças mais simples que o cercam, a felicidade de doar-se em serviço ao mundo para retomar a si mesmo em nível mais alto, algemado qual se encontra ainda às cristalizações do egoísmo, que dele fazem um rei mendigo, prisioneiro no cárcere das próprias limitações.

Atingindo a razão, o espírito humano, em milênios de luta, sofre a hipertrofia da intelectualidade mal conduzida, e, desequilibrado em si próprio, pela carência de sentimento e pelo excesso de raciocínios transviados, mais se lhe acentua agora, com os eventos da nova civilização, a forma esfingética em que se confundem nele as fulgurações do anjo e os instintos da besta. Urge aceitar com Jesus a tarefa de convocar as criaturas ao Amor, sentido, crido e profundamente vivido, ao preço de nossa própria renunciação, para que os novos tempos nos encontrem sob feições novas.

Outros mundos nos acenam a mais amplos recursos evolutivos, e outras humanidades nos convidam à exaltação da consciência cósmica...

A Terra de hoje marcha para a Terra de Amanhã...

Ajustemo-nos à Lei que nos recomenda o Amor a Deus, através do nosso devotamento a todos os seres da Criação e, aprendendo com a Natureza que nos sustenta e socorre sob os ditames desse mesmo Amor, em nome do próprio Deus, atingiremos o ponto de junção com os nossos irmãos mais evoluídos que já se sublimaram nas esferas da angelitude.

Chico Xavier

12

Teu corpo

NÃO MENOSPREZES TEU CORPO, a pretexto de ascensão à virtude.

Recorda que a semente responsável pelo pão que te supre à mesa, em muitas ocasiões, valeu-se do adubo repelente a fim de poder servir-te e que a água a se derramar do vaso para acalmar-te a sede, quase sempre, foi filtrada no charco, para que a secura não te arruinasse a existência.

O corpo físico é o santuário em que te exprimes no mundo.

Não olvides semelhante verdade para que não respondas com o desleixo à Providência Divina que, com ele, investiu-te na posse de valiosos recursos para o teu aperfeiçoamento de Espírito na vida imperecível.

Realmente, as almas vacilantes na fé e ainda aprisionadas às teias da ignorância arrojam-no aos desvãos da aventura e da inutilidade, mas os caracteres valorosos e acordados para o bem, dele fazem o precioso veículo para o acesso às alturas.

Com o corpo terrestre, Maria de Nazaré honorificou a missão da Mulher, recebendo Jesus nos braços maternais, e Paulo de Tarso exalçou o Cristianismo nascente, atingindo o heroísmo e a sublimação... Com ele, Francisco de Assis imortalizou a bondade humana; Giordano Bruno lobrigou a multiplicidade dos mundos habitados; Galileu observou o movimento da Terra em plena vida cósmica; Vicente de Paulo teceu o poema inesquecível da caridade e Beethoven trouxe ao ouvido humano as melodias celestiais...

Lembra-te de que teu corpo é harpa divina.

E ao invés de lhe condenares as cordas ao abandono e à destruição, tange nelas, com o próprio esforço, o hino do trabalho e da fraternidade, da compreensão e da luz, que te fará nota viva e harmoniosa na sinfonia de amor universal com que a Beleza Eterna exalta incessantemente a Sabedoria Infinita de Deus.

"Aceita os semelhantes tais quais são, sem reclamar-lhes exibições de grandeza..."

Chico Xavier

13
Conflito

ANTIGAMENTE, O DUELO SURGIA por hábito deplorável, desfigurando o caráter e enodoando a cultura.

Empenhavam-se antagonistas, com a presença de testemunhas, em golpes violentos, legalizando o homicídio em nome da honra.

O progresso aboliu semelhante

nódoa de nossa face, todavia, o conflito continua em outras modalidades, dentro de nossa vida.

Não mais a característica fulminante dos apetrechos de matar ou ferir, mas o golpe em câmara lenta, que o ódio e a incompreensão, a ignorância e a crueldade, arremessam por onde passam, gerando perturbações e enfermidade.

Por toda parte, vemos o duelo mental torturando e aniquilando criaturas, mantido por nossas atitudes delituosas de uns para com os outros, quando não se exprime, sem forma perceptível aos sentidos comuns, à feição da troca de dardos invisíveis, penetrando corações, arrojando-os, muitas vezes, aos tormentos do hospício ou à vala da morte.

Fujamos de toda ideia que signifique discórdia e maledicência, ciúme e desespero, maldade e intolerância, porquanto, as imagens desse teor, a fluírem constantes de nossa fonte mental, possuem vitalidade própria, corporificando-se com a persistência de nossas irreflexões repetidas e atingindo o objetivo de nossas projeções a operarem desajuste e flagelação regressando a nós mesmos, em lamentável retorno, trazendo-nos de volta a aflição e o infortúnio que tivermos causado.

O amor é Lei Universal, mas a Justiça nos segue, serena e inexorável, para que todos nós tenhamos no caminho o justo pagamento de nossas próprias obras.

"À frente de quantos surpreendas na estrada, caídos em sofrimento, interrompe-te para compreender e servir."

Chico Xavier

14

Aprendendo com a Natureza

Sem aproveitar o concurso daqueles que nos ferem, não conseguiríamos satisfazer aos impositivos da evolução.

O ensinamento do Mestre, no que tange à tolerância e ao amor para com os adversários, é lição viva nas esferas mais simples da Natureza.

Vejamos, por exemplo, a história breve do pão que enriquece a vida.

Se a semente não suportasse a terra que a asfixia, não teríamos a germinação promissora.

Se a plantinha tenra não tolerasse a enxada que lhe garante a limpeza, embora, por vezes, dilacerando-lhe as folhas, não conseguiríamos a floração.

Sem a renúncia da flor em benefício da colheita, o celeiro seria relegado à secura.

Se o grão não perdoasse à mó que o desintegra, não obteríamos a cooperação da farinha.

Se a farinha convenientemente preparada não desculpasse o calor do forno que a sufoca, o pão não saciaria a fome das criaturas.

Indispensável recorrer às lições singelas do ambiente em que respiramos para entender a necessidade de nossa adaptação às Leis que nos regem.

Conflitos, discussões e contendas, simbolizam combustível no incêndio destruidor da discórdia.

Por isso mesmo, a sustentação de antagonismos e disputas é indébita conservação do desequilíbrio, arrojando-nos inevitavelmente à enfermidade e à morte.

Teimosia e rebelião, mágoa e azedume, não atendem nas edificações do Cristo de Deus.

Procuremos o nosso lugar de servir, reconhecendo que a direção é prerrogativa do Divino Mestre.

Ouçamos-Lhe a voz que nos induz ao perdão incondicional e à compaixão sem limites e, felizes seremos, em verdade, os trabalhadores fiéis do Evangelho, na estruturação da Terra melhor de amanhã.

"É preciso mergulhar o sentimento nas desventuras e necessidades alheias com a elevação do amor..."

Chico Xavier

15

Benevolência

REFLETE NA BENEVOLÊNCIA DIvina para que a tua passagem na Terra não se transforme em agressivo espinheiro de ironia e desilusão.

Por toda parte, há a Tolerância Celeste, amparando e reconstituindo...

O Sol que resplende para justos e injustos.

O ar que alimenta as vítimas da

ignorância e os expoentes da sabedoria.

A fonte que dessedenta lobos e ovelhas.

O solo respondendo aos corações que o servem com amor e aos braços que o exploram com criminosa avidez...

Em todos os lugares, descobrirás a vida renascente, possuída de esperança desde o grelo tenro na árvore dilacerada que se refaz ao espírito humano que torna aos panos do berço no socorro do esquecimento ante o passado infeliz, para que, em temporária ocultação da memória, consiga restaurar-se para o futuro...

Se o Criador adota infinitos recursos para auxiliar as criaturas em crescimento para a Vida Superior, com que direito mergulharemos a ideia ou a palavra no veneno do escárnio ou da crítica para espalhar o desânimo e consagrar a destruição?

Não olvides que o mundo aparece repleto de autoridades e apetrechos da Justiça para corrigir e readaptar.

Magistrados e meirinhos, penitenciárias e enxovias diversas, são designados no campo da ordem para a missão difícil da emenda.

Não faças, assim, mais infortunado o irmão que caiu sob as teias da sombra, alargando-lhe as úlceras com os golpes de azedume e reprovação.

Lembra-te de que amanhã as chagas da luta humana podem igualmente cobrir-te a pele e, qual o companheiro que hoje sofre, reclamarás também o elixir do consolo e o bálsamo do perdão.

Esqueçamos o mal e abracemos o bem na certeza de que somente em Cristo conseguiremos atingir a vitória da luz com a luz de nossa própria renovação.

"Busquemos algo do olhar de Jesus para nossos olhos, e a crítica será definitivamente banida do mundo de nossas consciências..."

Chico Xavier

16
Caridade

Caridade é, sobretudo, amizade.

Para o faminto – é o prato de sopa fraterna.

Para o triste – é a palavra consoladora.

Para o mau – é a paciência com que nos compete auxiliá-lo.

Para o desesperado – é o auxílio do coração.

Para o ignorante – é o ensino despretensioso.

Para o ingrato – é o esquecimento.

Para o enfermo – é a visita pessoal.

Para o estudante – é o concurso no aprendizado.

Para a criança – é a proteção construtiva.

Para o velho – é o braço irmão.

Para o inimigo – é o silêncio.

Para o amigo – é o estímulo.

Para o transviado – é o entendimento.

Para o orgulhoso – é a humildade.

Para o colérico – é a calma.

Para o preguiçoso – é o trabalho.

Para o impulsivo – é a serenidade.

Para o leviano – é a tolerância.

Para o deserdado da Terra – é a expressão de carinho.

Caridade é amor, em manifestação incessante e crescente. É o sol de mil faces, brilhando para todos, e o gênio de mil mãos, amparando, indistintamente, na obra do bem, onde quer que se encontre, entre justos e injustos, bons e maus, felizes e infelizes, porque, onde estiver o Espírito do Senhor, aí se derrama a claridade constante dela, a benefício do mundo inteiro.

"Cogitemos de nossa própria melhoria para que a vida melhore."

Chico Xavier

17
Domicílios espirituais

HÁ MUITAS MORADAS NA CASA de Nosso Pai – assevera-nos o Senhor nas bênçãos da Boa Nova.

Entretanto, viverás naquela que houveres erguido em ti mesmo, segundo o ensinamento do próprio Mestre, que manda conferir a cada um, de acordo com as próprias obras.

Observa como te situas no

campo do mundo, compreendendo que o sentimento é a força a impelir-te para os círculos superiores ou para as esferas inferiores, onde tecerás o próprio ninho.

Não te valhas da palavra para menosprezar as tarefas dos irmãos de experiência, nem para reprovar as aflições que vergastam a Terra.

Não te aproveites do conhecimento para condenar ou para destruir e nem procures nas mãos do Cristo o martelo com que derribes, desapiedado, os domicílios alheios.

Não exibas a virtude nos gestos exteriores, porque a lâmina da incompreensão pode ferir-te quando suponhas talar as flores de imaginária vitória e nem desejes a frente avançada no trabalho da elevação, com o desprestígio e a derrocada dos outros, porque é possível o teu apressado recuo para retificar decisões.

Lembremo-nos de que não há céu para quem não edificou o paraíso em si próprio e aprendamos, sobretudo, a sentir com o amor a fim de que o amor em nós se faça luz para a extinção das trevas.

Aqueles que abusam dos recursos divinos que o Senhor lhes empresta estagiam nos desvãos do desequilíbrio, detendo-se, por fim, nos redutos da enfermidade.

Os desertores da luz jazem domiciliados nas sombras e os habitantes das sombras se demoram em lamentável cegueira de espírito.

As almas cristalizadas na crueldade estacionam nas enxovias do orgulho e do egoísmo, e os devotos do egoísmo e do orgulho acabam despertando nos espinheirais do desengano.

Observa teu campo íntimo e acautela-te, porque, sem dúvida, há inúmeras moradas no Universo Infinito, mas viverás na condição de senhor ou de escravo, no templo do bem ou no cárcere do mal que tiveres escolhido para a própria residência nos caminhos da vida.

"Espalha o bem quanto puderes e como puderes, respeitando a integridade da própria consciência."

Chico Xavier

18

Deus está contigo

Não obstante exclamares, muitas vezes, desconsoladamente, "como me sinto só!..." – Deus está contigo em todos os lugares.

Habitua-te a senti-lo porque, através de todas as coisas que te rodeiam, a Sua bondade infinita se manifesta, ofertando-te luz e alegria.

O seu amor palpita em toda a

parte, numa torrente de harmonias benditas!

Sua misericórdia imensa está na terra que pisas, no ar que te circunda, nas leis inteligentes e sábias da Natureza que te prodigaliza incalculáveis benefícios.

E nunca te esqueças que Deus é o Amor sem limites.

Enquanto maldizes o sofrimento, algumas vezes, lamentando o teu dia atual que deve ser de proveitoso trabalho, a flor te oferece perfume, a árvore compassiva te dá os seus melhores frutos, a estrela te envolve de esperança com cintilações e sorrisos, o sol te dá saúde, a terra te oferta inumeráveis tesouros!...

É a bondade inexcedível do Criador que se manifesta em toda a sua intensidade e grandeza, perdoando-nos os ímpetos de revolta e olvidando-nos a cólera, indiferente aos nossos errôneos julgamentos, estimulando-nos para o progresso e animando-nos para a elevação.

Acostuma-te a ver e a sentir devidamente todas estas coisas! E jamais te enfraqueças, porque Deus se encontra em toda a parte e, ao invés de te desesperares, escuta a Natureza, a segredar-te sem palavras:

Deus está contigo.

Chico Xavier

IDE | Conhecimento e educação espírita

No ano de 1963, Francisco Cândido Xavier ofereceu a um grupo de voluntários o entusiasmo e a tarefa de fundarem um periódico para divulgação do Espiritismo. Nascia, então, o Instituto de Difusão Espírita - IDE, cujos nome e sigla foram também sugeridos por ele.

Assim, com a ajuda de muitas pessoas e da espiritualidade, o Instituto de Difusão Espírita se tornou uma entidade de utilidade pública, assistencial e sem fins lucrativos, fiel à sua finalidade de divulgar a Doutrina Espírita, por meio de livros, estudos e auxílio (material e espiritual).

Tendo como foco principal as obras básicas de Allan Kardec, a preços populares, a IDE Editora possui cerca de 300 títulos, muitos psicografados por Chico Xavier, divulgando-os em todo o Brasil e em várias partes do mundo.

Além da editora, o Instituto de Difusão Espírita também se desenvolveu em outras frentes de trabalho, tanto voltadas à assistência e promoção social, como o acolhimento de pessoas em situação de rua (albergue), alimentação às famílias em momento de vulnerabilidade social, quanto aos trabalhos de evangelização infantil, mocidade espírita, artes, cursos doutrinários e assistência espiritual.

Ao adquirir um livro da IDE Editora, além de conhecer a Doutrina Espírita e aplicá-la em seu desenvolvimento espiritual, o leitor também estará colaborando com a divulgação do Evangelho do Cristo e com os trabalhos assistenciais do Instituto de Difusão Espírita.

www.idelivraria.com.br

Conversando sobre o
ESPIRITISMO

Quais as bases do Espiritismo?

A Doutrina Espírita estrutura-se na fé raciocinada e no Evangelho de Jesus, com sólidos fundamentos nos seguintes princípios: a) Existência de Deus; b) Imortalidade da alma; c) Pluralidade das existências ou reencarnação, impulsionadora da evolução; d) Comunicabilidade dos Espíritos através da mediunidade, capacidade humana de intercâmbio entre os dois planos da vida; e) Pluralidade de mundos habitados.

Espiritismo é uma ciência, filosofia ou religião?

Ele engloba os três aspectos. É ciência que investiga e pesquisa; é filosofia que questiona e apresenta diretrizes para reflexão e é uma religião na prática da fraternidade, do real sentimento de amor ao próximo, tendo, como regra de vida, a caridade em toda a sua extensão, enfim, uma religião Cristã.

O Espiritismo proclama a crença em Deus, ou nos Espíritos?

O Espiritismo prega, através de uma convicção firmada na fé raciocinada, na lógica e no bom senso, a existência de Deus como inteligência suprema, causa primeira de todas as coisas, sendo Ele misericordioso, justo e bom, e vem confirmar a imortalidade da alma. Segue os ensinamentos racionais e coerentes dos Espíritos de ordem superior e, principalmente, os de Jesus como único caminho para a evolução espiritual, baseados na caridade, em todas as suas formas, através do amor ao próximo.

Para onde vamos quando morremos?

Retornamos ao mundo espiritual, nossa morada original, exatamente de onde viemos. Somos Espíritos e apenas estamos no corpo físico em estágio temporário de aprendizado. No mundo espiritual, reencontraremos os Espíritos com quem nos sintonizamos, daí a importância da vida reta e moralmente digna, desapegada das questões materiais, de coração sem mágoa, vinculada ao bem e ao amor desprendido.

Se quiser saber mais sobre o Espiritismo, o que devo ler?

As obras de Allan Kardec, a saber: *O Evangelho Segundo o Espiritismo, O Livro dos Espíritos, O Livro dos Médiuns, O Céu e o Inferno* e *A Gênese.*

Fundamentos do Espiritismo

1º Crê na existência de um único Deus, força criadora de todo o Universo, perfeita, justa, bondosa e misericordiosa, que deseja a felicidade a todas as Suas criaturas.

2º Crê na imortalidade do Espírito.

3º Crê na reencarnação como forma de o Espírito se aperfeiçoar, numa demonstração da justiça e da misericórdia de Deus, sempre oferecendo novas chances de Seus filhos evoluírem.

4º Crê que cada um de nós possui o livre-arbítrio de seus atos, sujeitando-se às leis de causa e efeito.

5º Crê que cada criatura possui o seu grau de evolução de acordo com o seu aprendizado moral diante das diversas oportunidades. E que ninguém deixará de evoluir em direção à felicidade, num tempo proporcional ao seu esforço e à sua vontade.

6º Crê na existência de infinitos mundos habitados, cada um em sintonia com os diversos graus de progresso moral do Espírito, condição essencial para que neles vivam, sempre em constante evolução.

7º Crê que a vida espiritual é a vida plena do Espírito: ela é eterna, sendo a vida corpórea transitória e passageira, para nosso aperfeiçoamento e aprendizagem. Acredita no relacionamento destes dois planos, material e espiritual, e, dessa forma, aprofunda-se na comunicação entre eles, através da mediunidade.

8º Crê na caridade como única forma de evoluir e de ser feliz, de acordo com um dos mais profundos ensinamentos de Jesus: "Amar o próximo como a si mesmo".

9º Crê que o espírita tenha de ser, acima de tudo, Cristão, divulgando o Evangelho de Jesus por meio do silencioso exemplo pessoal.

10º O Espiritismo é uma Ciência, posto que a utiliza para comprovar o que ensina; é uma Filosofia porque nada impõe, permitindo que os homens analisem e raciocinem, e, principalmente, é uma Religião porque crê em Deus, e em Jesus como caminho seguro para a evolução e transformação moral.

Roteiro para
O EVANGELHO NO LAR

1. Escolha um dia e horário fixo mais conveniente da semana, para não ser interrompido;

2. Coloque uma jarra com água para ser fluidificada e bebida ao final do Evangelho no Lar;

3. Inicie com uma prece simples e espontânea, rogando a proteção dos Benfeitores Espirituais;

4. Faça a leitura de um trecho de O Evangelho Segundo o Espiritismo, abrindo-o ao acaso, ou na ordem sequencial dos Capítulos;

5. Comente com os demais participantes sobre o assunto lido, por aproximadamente quinze minutos, evidenciando o ensino moral;

6. Em seguida faça uma rogativa a Deus, a Jesus, e aos Espíritos do Bem, em favor da harmonia do lar e dos familiares encarnados e desencarnados, extensiva também à paz entre os povos;

7. Faça uma prece de encerramento, agradecendo o amparo dos Benfeitores Espirituais;

Obs.: O Evangelho no Lar não pode se transformar numa reunião mediúnica, motivo pelo qual os eventuais médiuns participantes não deverão permitir a manifestação de Espíritos, pois, para isso, existem locais apropriados.